ONZE TONS DE FELICIDADE
NO TRABALHO

THIAGO MATTIO

ONZE TONS DE FELICIDADE NO TRABALHO

Aprenda a avaliar o seu nível de contentamento profissional por meio de uma metodologia inovadora

EDITORA Labrador

Copyright © 2020 de Thiago Mattio
Todos os direitos desta edição reservados à Editora Labrador.

Coordenação editorial
Pamela Oliveira

Projeto gráfico, diagramação e capa
Felipe Rosa

Assistência editorial
Gabriela Castro

Preparação de texto
Adriana Moreira Pedro

Revisão
Laura Folgueira

Imagem de capa
Freepik.com

Dados Internacionais de Catalogação na Publicação (CIP)
Angélica Ilacqua – CRB-8/7057

Mattio, Thiago
  Onze tons de felicidade no trabalho : aprenda a avaliar o seu nível de contentamento profissional por meio de uma metodologia inovadora / Thiago Mattio. – São Paulo : Labrador, 2020.
  72 p.

ISBN 978-65-5625-020-5

1. Satisfação no trabalho 2. Felicidade 3. Autorrealização I. Título

20-2027   CDD 158.1

Índice para catálogo sistemático:
1. Satisfação no trabalho

Editora Labrador
Diretor editorial: Daniel Pinsky
Rua Dr. José Elias, 520 – Alto da Lapa
05083-030 – São Paulo – SP
+55 (11) 3641-7446
contato@editoralabrador.com.br
www.editoralabrador.com.br
facebook.com/editoralabrador
instagram.com/editoralabrador

A reprodução de qualquer parte desta obra é ilegal e configura uma apropriação indevida dos direitos intelectuais e patrimoniais do autor.

A editora não é responsável pelo conteúdo deste livro.
O autor conhece os fatos narrados, pelos quais é responsável, assim como se responsabiliza pelos juízos emitidos. Qualquer semelhança com nomes, pessoas, fatos ou situações da vida real será mera coincidência.

Dedico este livro, minha primeira obra, a Deus, meu companheiro protetor, e aos meus familiares e amigos próximos, com quem sempre posso contar.
Dedico também a você, leitor, na expectativa de que o conteúdo possa lhe servir de guia em suas escolhas profissionais e pessoais.

SUMÁRIO

Introdução 9
Felicidade no trabalho 11
Os onze fatores de felicidade no trabalho 12
Fator 1 – Aptidão 13
Fator 2 – Cultura organizacional 15
Fator 3 – Remuneração 17
Fator 4 – Localização do emprego 19
Fator 5 – Viagens profissionais 21
Fator 6 – Saúde e segurança 23
Fator 7 – Ambiente de trabalho 25
Fator 8 – Aprendizado 27
Fator 9 – Reconhecimento 29
Fator 10 – Estabilidade 31
Fator 11 – Exposição pública 33
Metodologia de avaliação do grau de felicidade
   profissional 35
Conclusão 57
Anotações do leitor 60

INTRODUÇÃO

Você está feliz em seu emprego atual? Vivemos em uma época em que muitas pessoas estão profissionalmente insatisfeitas. Algumas estão perdendo a saúde e/ou arriscando suas vidas por dinheiro, e começaram a se questionar o quanto seus esforços valem a pena. Outras até estão ganhando uma boa remuneração, mas detestam os seus empregos, sendo um fardo levantar cedo e se dirigir todos os dias ao local de trabalho. Infelizmente, há quem chega ao ponto de se suicidar, tamanho o descontentamento com a vida, e, por vezes, o trabalho é um dos fatores que motivam essa decisão.

A infelicidade no trabalho é um triste fato, pois passamos grande parte de nossas vidas em nossos empregos. Afinal, considerando-se uma jornada de trabalho padrão de oito horas por dia e uma média de 225 dias trabalhados por ano (descontando férias, feriados e finais de semana), trabalhamos cerca de 1.800 horas anuais. Como cada ano tem aproximadamente 8.760 horas, passamos pelo menos 21% desse tempo no trabalho. Se considerarmos o período em que estamos acordados, ou seja, descontando, em média, oito horas de sono por dia, dispomos de um total aproximado de 5.840 "horas úteis" por ano. Ou seja, passamos, pelo menos, 31% do tempo em que estamos acordados trabalhando.

Ao adicionarmos nessa conta o tempo de deslocamento casa-trabalho e por vezes até o intervalo para refeição, período que muitas pessoas aproveitam para trabalhar, essa porcentagem aumenta ainda mais. Pois é, muitas vezes passamos mais tempo com nossos colegas de trabalho do que com nossos familiares.

Também é verdade que a felicidade no trabalho pode afetar a felicidade no campo pessoal: você já sentiu uma extrema irritação após levar uma bronca em seu emprego e acabou, mesmo sem querer, "descarregando" essa raiva em seus familiares ou amigos?

Diante desse contexto, esta obra tem como objetivo contribuir com o entendimento dos fatores motivadores da felicidade no trabalho, auxiliando o leitor na tomada de decisões profissionais por meio de uma ferramenta matemática simples, objetiva e adaptável à "subjetividade" inerente a cada um de nós.

Se por um lado, intuitivamente, sentimos se estamos ou não felizes no trabalho, por outro, muitas vezes tomamos decisões precipitadas, por dar muito valor para um fator (por exemplo, remuneração), esquecendo-nos de analisar os demais.

O grande diferencial deste livro é conduzir o leitor a efetuar uma análise completa de fatores que podem afetar o seu nível de contentamento profissional, possibilitando a tomada de decisões mais assertivas.

Vale a pena ou não procurar ou aceitar um novo emprego? Descubra a seguir.

FELICIDADE NO TRABALHO

Já que vamos falar de felicidade no trabalho, é importante entendermos brevemente o que ela é. Felicidade no trabalho é sentir-se realizado por meio da sua atividade profissional. Isso pode ser traduzido por alguns indícios: você se sentir bem, alegre, disposto, confiante, pleno. É você se sentir motivado quando acorda para ir ao trabalho realizar suas tarefas. É você voltar para casa ao final do dia em plenitude por ter vivido novas experiências e aprendido com elas.

Já alguns sintomas podem indicar que você não está feliz no trabalho, por exemplo: desmotivação para ir trabalhar; sentimento de tristeza aos domingos ou ao final de feriados ou férias por saber que em breve retornará ao trabalho; achar todas as tarefas chatas, sendo um fardo receber novas demandas; sentimento de que nada está bom; interferência do trabalho de maneira excessiva na sua vida pessoal, gerando estresse, irritação e falta de sono; aversão aos colegas de trabalho e/ou chefe, buscando se esconder ou se esquivar deles sempre que possível.

Mas será que pode existir felicidade no trabalho? É claro que sim, mas é importante buscá-la, assim como buscamos felicidade em outros campos (amoroso, familiar, lazer etc.)! Entender os fatores que interferem na felicidade do trabalho é o primeiro passo para conquistá-la.

OS ONZE FATORES DE FELICIDADE NO TRABALHO

Na sequência, apresentamos onze importantes fatores associados à felicidade no trabalho:

- Aptidão.
- Cultura organizacional.
- Remuneração.
- Localização do emprego.
- Viagens profissionais.
- Saúde e segurança.
- Ambiente de trabalho.
- Aprendizado.
- Reconhecimento.
- Estabilidade.
- Exposição pública.

Esses onze fatores serão explorados nesta obra, durante a explicação da metodologia proposta para avaliação do seu nível de contentamento profissional.

O leitor pode perfeitamente discordar de um ou mais fatores, ou pode ser que existam outros que não foram identificados nessa lista.

Não há problema algum caso isso ocorra. O mais importante é você compreender a metodologia apresentada, que é adaptável à inclusão, modificação ou exclusão de fatores.

FATOR 1
APTIDÃO

Quando você era criança, qual era a profissão dos seus sonhos? Já pensou nisso? Ser jogador de futebol, astronauta, médico, jornalista, engenheiro, cientista, musicista... Eram tantas as opções, não?

Em seguida, descobrimos que, em nossa vida, temos de tomar muitas decisões que afetam nosso futuro profissional, como quais cursos e treinamentos fazer. Dessa forma, é normal termos dúvidas sobre escolhas que definirão nossa trajetória nesse futuro desafiador e desconhecido.

Assim, nem sempre conseguimos trabalhar com a profissão que amamos, às vezes por falta de oportunidade, às vezes porque os eventos e aprendizados que temos ao longo de nossas vidas foram nos levando para um caminho totalmente diferente do previsto.

Por certo há também pessoas que até hoje não descobriram com o que gostariam de trabalhar. E há outras que acabaram descobrindo a partir de diversas experiências vividas.

Conforme exposto na introdução deste livro, passamos grande parte de nossos dias no trabalho ou em função dele. Por isso, não é à toa que esse fator (aptidão) é o primeiro apresentado, pois trabalhar com o que gostamos contribui positivamente para nosso nível de contentamento profissional. No entanto, saiba que esse não é o único fator que nos trará felicidade no trabalho.

Há, por exemplo, pessoas que trabalham com o que amam, mas seus ganhos são insuficientes para pagar as contas do mês. Isso gera certa frustração, impactando, por vezes, a decisão de reorientar o direcionamento de suas carreiras.

Também há pessoas que não gostam do que fazem, mas que acabam aceitando o trabalho mesmo assim, conseguindo até ser felizes na profissão. Ou seja, para elas, o fator aptidão acaba sendo compensado por outros que serão apresentados na sequência dessa obra.

Mas, se pudermos escolher, com certeza é melhor trabalharmos com o que gostamos do que com o que não gostamos, não é? Por isso, diante de uma oportunidade profissional, avalie bem esse fator.

EXPLORANDO O TEMA

Autoquestionamento
» Você ama o que faz?

Dicas importantes
» Se estiver "perdido" com relação à sua aptidão, você pode procurar orientação profissional (orientador vocacional, *coaching* profissional, psicólogos).
» Procure escolher trabalhar com o que gosta de fazer, não se deixando guiar por tendências momentâneas do mercado.
» Busque sempre estudar, treinar e evoluir naquilo que gosta de fazer. Conhecimento é a única coisa que ninguém pode tirar de você. E sempre abre novas portas.

FATOR 2
CULTURA ORGANIZACIONAL

Você se identifica com os valores da organização onde trabalha ou poderá trabalhar? Esse fator geralmente é decisivo em caso de avaliação de novas oportunidades profissionais. Veja alguns exemplos clássicos de choque de valores:

- Um colaborador honesto trabalhar em uma organização corrupta.
- Quem não fuma e detesta cigarros trabalhar em uma indústria de tabaco.
- Um vegetariano trabalhar em um frigorífico.
- Um defensor do meio ambiente trabalhar em uma organização que não se preocupa com a preservação da natureza.

No caso específico de empreendedores e autônomos, é esperado que esse grau de identificação seja elevado, por serem pilotos de seus negócios, via de regra montados em sinergia com seus valores pessoais.

Até podemos encontrar pessoas que se sujeitam a exercer suas profissões sem que haja sinergia com seus valores pessoais, impulsionadas por outros fatores, como uma alta remuneração ou até mesmo a falta de outras opções profissionais. Mas trabalhar em um lugar que gera "brilho nos olhos", com certeza, é um fator muito importante para a felicidade no trabalho.

EXPLORANDO O TEMA

Autoquestionamento
» Você se identifica com os valores da organização onde trabalha?

Dicas importantes
» Procure entender qual é a cultura organizacional de onde você trabalha ou poderá trabalhar, fazendo pesquisas no website e no relatório de sustentabilidade da organização, se existentes. Também é válido consultar publicações do gênero "melhores empresas para trabalhar".

» Pesquise na mídia notícias sobre a existência de visões positivas e negativas das partes interessadas (*stakeholders*) com relação à organização.

FATOR 3
REMUNERAÇÃO

É fato consumado que em nossa sociedade precisamos de dinheiro para sobreviver. Dinheiro nos proporciona, em um primeiro momento, o poder de satisfazer nossas necessidades básicas (comida, bebida, abrigo, acesso a saúde e segurança) e, em um segundo momento, o de atingir os nossos sonhos (viajar, casar, comprar casa própria, carro etc.).

Precisamos de dinheiro e, para ganhá-lo honestamente, é necessário trabalhar. A não ser, é claro, que contemos com uma boa herança, o que nem sempre acontece; ou com a sorte, o que é muito difícil. Afinal, quem nunca sonhou em ganhar na loteria? Quem nunca pensou: "Se eu ganhar, nem apareço mais no trabalho no dia seguinte"?

Portanto, a remuneração, termo que, para assalariados, engloba salário e benefícios, acaba sendo um dos fatores decisivos, e para muitos o principal, para se manter em um emprego, aceitar ou recusar uma eventual nova oportunidade profissional. Convém esclarecer que o termo "benefícios" contempla itens como: plano de saúde, plano odontológico, previdência privada, seguro de vida, vale transporte, vale alimentação, vale refeição etc. No caso de empreendedores e autônomos, o fator remuneração pode ser entendido como lucro.

Mas até que ponto ter ótimos ganhos é importante para você?

Com certeza esse é um fator muito importante para pessoas que "vivem no limite", ou seja, que estão endividadas ou que acabam o mês no "zero a zero". Também é um fator importante para aqueles com um estilo de vida mais "consumista", que adoram ter o celular mais moderno, o carro do ano, as melhores roupas.

Por outro lado, pode ser um fator menos importante para quem já atingiu um bom nível de independência financeira, em razão de um patrimônio construído durante a vida ou, certas vezes, herdado. Também não é um fator tão decisivo para pessoas menos materialistas. E há casos de indivíduos que aceitam uma remuneração menor para se desenvolverem profissionalmente (preparando-se para oportunidades futuras) ou para conquistarem uma melhoria na qualidade de vida.

Para quem busca a felicidade no trabalho, é importante esclarecer que a remuneração é, sim, muito importante, mas não deve ser o único fator a ser considerado em uma decisão profissional. Afinal, dinheiro não necessariamente traz felicidade.

EXPLORANDO O TEMA

Autoquestionamento
» Você está satisfeito com sua remuneração atual?

Dica importante
» É possível, e cada vez mais fácil, descobrir os salários e os benefícios pagos pelas organizações. Basta digitar palavras-chave como "descubra o salário da empresa" nos websites de pesquisa e explorar os resultados. A Glassdoor (www.glassdoor.com) é um exemplo de empresa que fornece esse tipo de informação.

FATOR 4
LOCALIZAÇÃO DO EMPREGO

Há muitas pessoas insatisfeitas com a localização de seus empregos, sendo que este fator pode influenciar, muitas vezes de forma significativa, o nível de satisfação profissional. Podemos encontrar diversos cenários, por exemplo, pessoas que:

- Trabalham em grandes centros urbanos, porém sonham em se mudar para uma cidade "mais tranquila", em busca de uma qualidade de vida melhor, sem alguns incômodos, como poluição do ar e sonora, trânsito e violência. Em nossa sociedade, cada vez mais há gente aceitando mudar de emprego, mesmo diante de uma redução salarial significativa, para obter ganho em bem-estar pessoal.
- Residem em cidades menores, em função de seus empregos, mas que tampouco estão satisfeitas com o local de moradia e consequentemente de trabalho, despertando o sonho de mudança. Essa insatisfação ocorre, por exemplo, quando em sua cidade há carência de serviços (escolas, hospitais, teatros etc.), muita violência ("terras sem lei") ou até mesmo poluição demais.
- Estão insatisfeitas com o local de trabalho por causa do risco de ocorrência de catástrofes naturais (terremotos, furacões etc.) ou acidentais, por exemplo, as que traba-

lham perto de usinas nucleares ou em cidades a jusante de barragens que podem vir a se romper.
- Sentem-se descontentes com as condições climáticas do local onde trabalham.
- Estão desconfortáveis com os hábitos culturais da região onde exercem sua profissão.

É importante avaliar esse fator com cuidado, levando em consideração eventuais condições limitantes, pois nem sempre encontramos empregos que correspondem às nossas formações nas regiões onde gostaríamos de morar, e também há pessoas que adorariam mudar de cidade, mas que não podem, em virtude de questões familiares e/ou emotivas.

EXPLORANDO O TEMA

Autoquestionamentos
» A localização do seu emprego lhe proporciona a qualidade de vida que você desejaria para si próprio e para sua família?
» Você está satisfeito com o tempo de deslocamento gasto no trajeto casa-trabalho?

Dica importante
» Pesquise sobre a localização do emprego antes de aceitar uma oportunidade profissional. Visite, se possível, o local e analise o custo de vida da região. É importante saber o tempo de trajeto, como chegar, como é a cidade, quais riscos apresenta e quanto custará morar nela.

FATOR 5
VIAGENS PROFISSIONAIS

Vivemos em um mundo globalizado, em que viajar a trabalho é cada vez mais comum, sendo também um sonho para muita gente. Afinal, é uma oportunidade de sair da rotina, conhecer pessoas e locais diferentes, novos ambientes de trabalho, novas tecnologias, novas culturas, novos sabores...

Viajar muito a trabalho pode também ser um meio para ganhar milhas aéreas e acumular pontos em programas de fidelidade, podendo até proporcionar, depois de certo tempo, as tão sonhadas "férias gratuitas" para si próprio e para a família.

No entanto, para quem tem maior apego familiar ou precisa dar apoio específico aos entes queridos (por exemplo, em situações de filhos pequenos, de familiares doentes ou portadores de deficiência), viajar a trabalho torna-se um pesadelo. Não podemos nos esquecer das pessoas com fobias, como medo de viajar de avião; neste caso, viajar é sempre uma tortura.

Por fim, é válido lembrar que viajar pode até mesmo ser um fator negativo por outros motivos, caso envolva deslocamentos para locais perigosos (risco de desastres naturais, atentados terroristas, violência etc.) ou em condições de alto risco (vias deterioradas ou meios de transporte perigosos), por exemplo. Neste caso, a questão é: vale a pena arriscar a sua vida pelo trabalho?

EXPLORANDO O TEMA

Autoquestionamentos
» Você possui disponibilidade para viajar?
» Você está satisfeito com a porcentagem de tempo dedicada a viagens profissionais?
» Você sente que arrisca a vida em função de viagens a trabalho?

Dica importante
» É importante sempre questionar, caso surja alguma oportunidade profissional, se há necessidade de viajar, assim como a frequência e os locais a serem visitados. Em seguida, pergunte a si próprio se viajar nas condições propostas é um fator positivo, indiferente ou negativo.

FATOR 6
SAÚDE E SEGURANÇA

Como diz o ditado popular: "Saúde é o que interessa, o resto não tem pressa". Este fator está relacionado à busca por uma jornada de trabalho sadia e equilibrada. O bem-estar físico e mental está diretamente associado à felicidade, não apenas no trabalho, mas em todos os aspectos de nossas vidas.

Imagine perder a visão e não poder mais ver seus familiares nem desfrutar de seus hobbies (ver televisão, admirar paisagens em viagens, jogar *videogame* etc.). Imagine ter um membro amputado, talvez tendo que deixar de praticar esportes que você amava e passando a depender de outras pessoas para realizar tarefas simples do dia a dia. Imagine adoecer severamente em decorrência de uma doença profissional ou ocupacional. Imagine-se sendo vítima de um acidente fatal, deixando "na mão" todas as pessoas que dependiam de você e o amavam.

Pois é... qualquer uma dessas eventualidades afetaria o nosso conceito de felicidade. Se você conhece alguém que já sofreu um acidente de trabalho ou adoeceu (física ou mentalmente) em virtude do emprego, sabe do que estamos falando.

Do ponto de vista da integridade física, a realização de tarefas degradantes, em condições de risco e/ou precárias, aumenta a probabilidade de acidentes de trabalho e de aparecimento de doenças.

Do ponto de vista da saúde mental, o estresse é o grande mal da sociedade moderna, atingindo até mesmo colaboradores que não realizam esforço físico em seu dia a dia. Trabalhar inúmeras horas sem o devido descanso, em tarefas complexas, sob elevada pressão, leva as pessoas à exaustão psicológica. Convém também ressaltar que a tecnologia, apesar de ter trazido diversos benefícios, pode impactar negativamente a vida de pessoas que têm extrema dificuldade de se desconectar do trabalho, ficando 24 horas por dia disponíveis para trocar e-mails, telefonemas, mensagens de texto etc. Conclui-se que é fundamental que avaliemos os fatores saúde e segurança em nossas escolhas profissionais, ponderando os riscos aos quais estamos ou estaremos expostos.

EXPLORANDO O TEMA

Autoquestionamentos
» Você conhece os riscos aos quais está exposto em sua profissão?
» Seu emprego degrada sua saúde física ou mental ou coloca em risco sua vida? Você está disposto a pagar esse preço?

Dicas importantes
» Busque estudar sobre segurança no trabalho.
» Pesquise na literatura e na internet quais são os principais riscos à saúde da sua profissão, assim como notícias de acidentes ocorridos e depoimentos dos acidentados.
» É melhor prevenir do que remediar.

FATOR 7
AMBIENTE DE TRABALHO

Todos almejam trabalhar em um bom ambiente, tanto físico (organizado, agradável, com recursos adequados) quanto relacional (colegas respeitosos e gentis). Afinal, como analisado anteriormente, passamos uma parte considerável dos nossos dias trabalhando. Por vezes, dedicamos mais tempo aos nossos companheiros de trabalho do que aos nossos familiares!

Ambientes desorganizados, sujos, sem o conforto térmico adequado (ar-condicionado/aquecedor) ou barulhentos, são propícios a influenciar negativamente o nível de contentamento profissional.

Até mesmo a organização espacial pode afetar a felicidade no trabalho. Há profissionais que se adaptam bem ao conceito *open space* (espaços mais abertos, sem paredes internas ou grandes divisórias), e outros que preferem ambientes mais isolados e quietos.

É também crescente a flexibilização, por parte das organizações, no sentido de permitirem transformar as nossas casas em ambiente de trabalho *(home office)*. Esse conceito foi muito disseminado após a pandemia do COVID-19, no entanto, seu sucesso depende da disponibilidade de recursos adequados (mobiliário, computadores, internet, conexão à distância às redes das organizações, dentre outros) e da disciplina dos colaboradores.

Do ponto de vista relacional, a falta de respeito entre profissionais (xingamentos, assédio moral ou sexual, falsidade) e a presença de uma liderança despreparada ou até hostil são exemplos que interferem no clima do ambiente de trabalho, podendo inclusive afetar a saúde mental dos colaboradores.

Tudo vai depender da forma como cada um lida com a situação, sendo válido ressaltar que uma má liderança é um dos principais elementos que estimulam as pessoas a pedirem demissão.

Só quem já trabalhou em ambientes hostis sabe o quanto eles contribuem para prejudicar a nossa felicidade no trabalho, de forma que no domingo à noite vem aquela tristeza só de pensar em começar uma nova semana com "aquelas pessoas", "naquele lugar".

Portanto, este fator também é um dos mais importantes a serem avaliados com relação à felicidade no trabalho.

EXPLORANDO O TEMA

Autoquestionamentos
» Você está satisfeito com o seu ambiente de trabalho?
» Você está satisfeito com a sua equipe de trabalho?

Dica importante
» Em caso de situações de falta de respeito, muitas organizações dispõem de um canal de denúncia anônimo. Informe-se a respeito.

FATOR 8
APRENDIZADO

Por meio do processo de aprendizagem adquirimos conhecimento, o que representa poder em um cenário de ambientes disruptivos, que mudam cada vez mais rápido. Por sua vez, o conhecimento é algo que não pode ser tirado de nós e que sempre traz um valor agregado, seja por motivos profissionais, seja por motivos pessoais, a exemplo dos nossos *hobbies*.

O aprendizado é muito valorizado por quem é iniciante ou está em transição de carreira, que muitas vezes abre mão de outras condições, como salários melhores, para aprender e criar oportunidades futuras, em um mercado de trabalho cada vez mais exigente.

Afinal, quem procurou recentemente oportunidades profissionais sabe que a lista de conhecimentos exigidos pelas organizações tem se tornado cada vez mais extensa: domínio técnico, fluência em línguas estrangeiras, *know-how* em informática, proficiência em *soft skills* (capacidades de gerenciar e lidar com pessoas), entre outros. Quem nunca se deparou com aquela oferta de emprego com uma lista imensa de requisitos difíceis de serem atendidos?

Há também pessoas que gostam de buscar o aprendizado contínuo, sentindo-se desmotivadas quando não encontram mais estímulos em seus empregos e sendo atraídas por ofertas de trabalho desafiadoras ou por empreender.

Por outro lado, há aqueles que preferem viver na "zona de conforto", executando tarefas já aprendidas e dominadas em seu dia a dia, que exigem menos esforço intelectual. Essa zona de conforto gera certa segurança, podendo ser apreciada por pessoas que gostam, ou que precisam de uma rotina bem definida. Em contrapartida, é bem perigosa, pois também cria defasagem em relação à concorrência no mercado de trabalho.

EXPLORANDO O TEMA

Autoquestionamento
» Seu ambiente de trabalho atual é estimulante e desafiador com relação ao aprendizado?

Dicas importantes
» Existem diversas organizações no mercado que são verdadeiras universidades, oferecendo oportunidades de aprendizado contínuo. Para identificá-las, procure conversar com seus amigos e com sua rede profissional.
» Muitas organizações oferecem parcerias subsidiadas com algumas faculdades para cursos de graduação e pós-graduação. Procure o setor de RH de sua organização para maiores informações.
» Estude constantemente, mantenha-se atualizado, busque ser melhor naquilo que você faz. Quanto mais você se aperfeiçoar, maiores serão as chances de crescimento profissional e pessoal. E maiores serão as chances de ser feliz no seu trabalho.

FATOR 9
RECONHECIMENTO

O fator "Reconhecimento" está diretamente atrelado ao senso de justiça dos colaboradores. Afinal, é de se esperar que quem alcança os melhores resultados receba as melhores recompensas, como um bônus maior, um aumento salarial ou até mesmo uma promoção. Ou, no mínimo, um agradecimento diferenciado por parte de seus superiores, como um elogio em público. Infelizmente, muitas vezes isso não acontece, o que acaba gerando grande frustração nos colaboradores.

Outra situação corriqueira e desestimulante atrelada ao reconhecimento é a ausência de perspectiva de crescimento profissional, que ocorre quando inexistem possibilidades de promoção em curto ou pelo menos em médio prazo na organização, mesmo diante de performance excelente de trabalho. Muitas pessoas não gostam de ficar estagnadas em suas carreiras enquanto enxergam amigos e familiares subirem de cargo degrau a degrau. Essa situação ocorre com maior frequência em organizações com ausência de plano de carreira, ou seja, sem um percurso estipulado de cargos sucessivos em função de metas atingidas, em uma hierarquia bem definida, que serve como um guia de crescimento profissional.

Geralmente, quando não há um sistema justo de reconhecimento e/ou um plano de carreira bem estruturado, o colaborador injustiçado e frustrado pensa nas seguintes alternativas:

- Esforçar-se menos no próximo ano, afinal, de que adianta "se matar de trabalhar" se o resultado não é recompensado?
- Buscar outro emprego, deixando o atual assim que receber uma boa oferta.

Convenhamos que nenhuma dessas opções é vantajosa para as organizações. A primeira, pois um funcionário desmotivado gera menos resultados. A segunda, pois um funcionário capacitado e com boa performance encontra rapidamente novas oportunidades no mercado, consequentemente a organização perde um colaborador excelente, que desempenha a sua função com velocidade e qualidade, por vezes perde também a carteira de clientes desse profissional (aplicável, por exemplo, para a área comercial), além de todo o investimento em treinamentos.

EXPLORANDO O TEMA

Autoquestionamentos
» Você está sendo bem reconhecido onde trabalha?
» Há um plano de carreira estruturado e possibilidades claras de crescimento profissional?

Dicas importantes
» Procure entender com seus superiores e com o departamento de RH de sua organização quais são suas possibilidades de crescimento profissional e como você deve se preparar para atingi-lo.
» Peça sempre *feedback* sobre seus pontos fortes (a serem mantidos) e oportunidades de melhoria aos seus superiores.

FATOR 10
ESTABILIDADE

A estabilidade é definida no dicionário como "qualidade de estável, firmeza, solidez, imobilidade". No mercado de trabalho, do ponto de vista do colaborador, está relacionada a um menor risco de perda do emprego.

Um dos principais fatores associados à estabilidade, principalmente no setor privado, diz respeito ao desempenho financeiro da organização. Crises são motivo para reestruturações internas e demissões coletivas, gerando grande clima de instabilidade.

Um outro fator é a performance dos colaboradores no trabalho. Cada vez mais as organizações estão estruturando sistemas de avaliação de desempenho de seus funcionários, sendo que os que não apresentam uma boa performance recebem menor reconhecimento e têm maior probabilidade de ser demitidos.

Via de regra, cargos públicos oferecem maior estabilidade, mesmo diante de desempenhos ruins quanto ao cumprimento de metas. Muitos buscam essa garantia, abrindo mão de outros fatores como aprendizado ou maior remuneração.

Há pessoas que se importam com isso, e há pessoas que não. Esse comportamento pode depender também da situação financeira e pessoal de cada um. Por exemplo, para alguém rico, a perda de um emprego pode não representar um grande sofrimento.

Muitos tomam a decisão de empreender, é importante saber que há riscos envolvidos nesta escolha, geralmente acompanhada de bastante instabilidade. Por outro lado, as recompensas, tais como ganhos financeiros, aprendizado e autossatisfação, podem ser sensacionais, caso o negócio dê certo. De qualquer forma, antes de uma mudança de emprego, é muito importante avaliar o grau de estabilidade da futura organização ou empreitada, e se esse fator lhe importa ou não.

EXPLORANDO O TEMA

Autoquestionamentos
» A estabilidade é um fator importante para você?
» Você se sente seguro em seu atual emprego com relação ao risco de ser demitido?

Dica importante
» Uma forma de avaliar a estabilidade de uma grande organização é consultar seu relatório de sustentabilidade (se existente) e ver o índice de *turnover*, que mede a rotatividade de funcionários, levando em conta o número de desligamentos e admissões. Quanto maior o número de desligamentos e de admissões em um período definido de tempo (exemplo: um ano), maior é a rotatividade, ou seja, maior é a instabilidade dentro de uma organização.

FATOR 11
EXPOSIÇÃO PÚBLICA

Alguns profissionais estão sujeitos a um alto grau de exposição pública. É o caso de esportistas, musicistas, atores, jornalistas, políticos, entre outros.

Por um lado, é muito prazeroso ver multidões aclamando seu trabalho. Isso faz com que você sinta que seu esforço está sendo reconhecido. E geralmente, junto à fama, caminha a satisfação financeira em virtude de ótimos ganhos.

É válido relembrar que a fama, na maior parte dos casos, é fruto de muito trabalho, de inúmeras tentativas e erros, de competência e de tomada de decisões estratégicas. Por vezes havendo uma pitada adicional de sorte.

No entanto, o preço a ser pago ao atingir a fama é a redução da privacidade. Pessoas famosas acabam, de certa forma, tendo uma restrição de liberdade, ao passo que não podem mais andar tranquilamente em espaços públicos sem que sejam abordadas, tendo também, por vezes, seus históricos de vida e dia a dia investigados e expostos à sociedade.

EXPLORANDO O TEMA

Autoquestionamentos
» Você sonha em ser famoso?
» Prefere a tranquilidade do anonimato ou as regalias da fama?

Dicas importantes:

» É importante que você tenha claramente definido consigo mesmo qual é o grau de exposição pública que deseja alcançar.

» Para atingir a fama de maneira positiva (afinal, intrigas, polêmicas ou escândalos também podem gerar fama, mas com conotação negativa), você precisa buscar atingir o grau de excelência naquilo que faz. Isso é obtido com muita garra e dedicação (estudo, treino, repetições).

METODOLOGIA DE AVALIAÇÃO DO GRAU DE FELICIDADE PROFISSIONAL

Neste capítulo, apresentaremos a metodologia matemática desenvolvida para que você avalie seu grau de felicidade em relação ao seu emprego atual ou um potencial grau de satisfação com uma oferta de emprego.

FATORES DECISIVOS PARA UMA RECUSA PROFISSIONAL

Nesta obra apresentamos onze fatores atrelados à felicidade no trabalho. Na metodologia que será descrita na sequência, eles serão avaliados de forma independente e, em seguida, de forma conjunta.

No entanto, antes de abordarmos o preenchimento da tabela de avaliação, é importante entender, diante da análise de seu emprego atual ou de uma oportunidade futura, se algum dos onze fatores seria decisivo para uma recusa profissional, ou seja, um fator "inegociável".

Se existir pelo menos um fator inegociável em sua análise, já é o suficiente para que você recuse uma oferta de emprego futura ou pense seriamente em abandonar, assim que possível, o seu atual emprego.

Ressaltamos que essa análise é subjetiva, ou seja, varia de pessoa para pessoa.

Por exemplo, médicos e enfermeiros podem receber ofertas para trabalhar em uma zona de guerra ou combatendo um surto de uma doença altamente contagiosa e mortal, como o ebola, colocando em risco as suas vidas. Para muitos profissionais, esse desafio seria gratificante. No entanto, algumas pessoas poderiam recusar a oferta, sendo "Saúde e segurança" um fator inegociável em suas avaliações subjetivas.

Um outro exemplo é quando alguém recebe uma oferta para trabalhar em uma cidade distante, tendo que cuidar de membros da família em sua cidade natal. Nesse caso, o fator "Localização do emprego" é inegociável.

Um último exemplo é um engenheiro recusar trabalhar em uma usina nuclear ou em plataformas de petróleo, devido ao receio de acidentes, sendo novamente o fator "Saúde e segurança" o elemento decisivo.

Caso identifique ao menos um fator inegociável em sua análise, é oportuno, se for possível (nem sempre é), tomar as decisões indicadas a seguir:

Situação	Decisão a ser tomada diante de ao menos um fator inegociável
Emprego atual	Procure novas oportunidades de emprego e avalie, dependendo da situação (por exemplo, risco de morte), pedir demissão.
Nova oportunidade de emprego	Recuse a oferta.

APRESENTAÇÃO DA METODOLOGIA

Uma vez compreendida a essência de cada um dos fatores da felicidade no trabalho, e partindo da premissa de que nenhum dos onze fatores foi considerado inegociável em sua análise, seguimos para a próxima etapa, que é avaliá-los de forma conjunta.

Essa avaliação consiste em uma análise objetiva elaborada a partir de critérios subjetivos, afinal, cada indivíduo tem um olhar específico para cada um dos fatores previamente apresentados.

Nesse sentido, foi proposta uma metodologia matemática para auxiliar a sua tomada de decisão sobre se vale a pena ou não mudar de emprego e, de certa forma, mensurar seu grau de satisfação profissional.

Essa metodologia contempla uma tabela de avaliação, cujo desenvolvimento foi inspirado nas matrizes de análise de impactos ambientais, usadas em estudos de impacto ambiental.

Caso você não tenha sido um bom aluno em matemática, fique tranquilo, não há motivo para preocupação!

Você verá que trata-se de uma metodologia extremamente simples (envolve apenas operações básicas de soma, multiplicação e divisão) e visual.

Ela segue detalhada a seguir, incluindo exemplos práticos que vão auxiliar a sua compreensão.

A tabela de avaliação possui cinco colunas, que deverão ser preenchidas conforme instruções detalhadas na sequência:

Coluna	Conteúdo	Como preencher
A	Lista dos onze fatores que serão avaliados	Lista predefinida, não há necessidade de preenchimento.
B	Peso de cada fator	Dê uma nota de 1 a 4 para definir a importância de cada um dos fatores para a sua felicidade no trabalho: 1. Pouco importante 2. Importante 3. Muito importante 4. Essencial
C	Grau de satisfação para cada fator	Dê uma nota de 1 a 4 para avaliar seu grau de satisfação com cada fator, sendo: 1. Muito insatisfeito 2. Insatisfeito 3. Satisfeito 4. Muito satisfeito
D	Nota ponderada real do fator	Corresponde, para cada fator, a uma multiplicação de seu peso pelo grau de satisfação.
E	Nota máxima do fator	Corresponde, para cada fator, a uma multiplicação de seu peso pelo grau de satisfação máximo que poderia ser atingido (ou seja, 4 – Muito satisfeito).

A tabela abaixo retrata o preenchimento teórico:

A	B	C	D = B × C	E = B × 4
Fator	Peso do fator *	Grau de satisfação **	Nota ponderada real do fator	Nota máxima do fator
Aptidão	Peso A	Grau A	D01: Peso A x Grau A	E01: Peso A x 4
Cultura organizacional	Peso B	Grau B	D02: Peso B x Grau B	E02: Peso B x 4
Remuneração	Peso C	Grau C	D03: Peso C x Grau C	E03: Peso C x 4
Localização do emprego	Peso D	Grau D	D04: Peso D x Grau D	E04: Peso D x 4
Viagens profissionais	Peso E	Grau E	D05: Peso E x Grau E	E05: Peso E x 4
Saúde e segurança	Peso F	Grau F	D06: Peso F x Grau F	E06: Peso F x 4
Ambiente de trabalho	Peso G	Grau G	D07: Peso G x Grau G	E07: Peso G x 4
Aprendizado	Peso H	Grau H	D08: Peso H x Grau H	E08: Peso H x 4
Reconhecimento	Peso I	Grau I	D09: Peso I x Grau I	E09: Peso I x 4
Estabilidade	Peso J	Grau J	D10: Peso J x Grau J	E10: Peso J x 4
Exposição pública	Peso K	Grau K	D11: Peso K x Grau K	E11: Peso K x 4
Totais			Somatória 1	Somatória 2
Nível de satisfação			Somatória 1 / Somatória 2	

*Peso do fator: 1 – Pouco importante | 2 – Importante | 3 – Muito importante | 4 – Essencial.
**Grau de satisfação: 1 – Muito insatisfeito | 2 – Insatisfeito | 3 – Satisfeito | 4 – Muito satisfeito.
Somatória 1 = D01+D02+D03+D04+D05+D06+D07+D08+D09+D10+D11.
Somatória 2 = E01+E02+E03+E04+E05+E06+E07+E08+E09+E10+E11.

O nível de satisfação com o trabalho atual ou futuro será o resultado da divisão da Somatória 1 (pesos x graus de satisfação), que representa o resultado real, pela Somatória 2 (pesos x grau máximo de satisfação - 4), que representa o resultado máximo atingível, caso você esteja muito satisfeito com todos os fatores.

Essa divisão resultará em um percentual entre 0 e 100%, onde 0% seria o grau máximo de insatisfação e 100%, o grau máximo de satisfação.

Podemos subdividir o resultado da avaliação em quatro grupos:

Resultado matemático	Resultado qualitativo	Interpretação
0% a 25%	Muito insatisfeito	Busque novas oportunidades.
25% a 50%	Insatisfeito	
50% a 75%	Satisfeito	Há potencial para melhora (chegar ao nível muito satisfeito), mas não é necessária tanta pressa para mudar de emprego, portanto, não se precipite. Fique atento ao mercado para filtrar boas oportunidades.
75% a 100%	Muito satisfeito	Você é privilegiado. Avalie muito bem as novas oportunidades profissionais antes de decidir mudar de emprego.

EXEMPLOS DE APLICAÇÃO DA METODOLOGIA

Exemplo 1 – Engenheiro João

- Emprego atual de João

    João tem 30 anos, é engenheiro mecânico e tem um mestrado em gestão de empresas (MBA). Trabalha como analista de crédito sênior em uma renomada instituição financeira e mora em São Paulo, cidade que detesta por ser poluída e estressante.
    Ganha um ótimo salário, no entanto, gasta muito tempo no trânsito e faz muitas horas extras. Além disso, sofre muita pressão para entregar seus resultados no banco e não gosta de seus colegas, que são, muitas vezes, desleais.
    Ademais, trabalha em ambiente *open space*, tendo muita dificuldade de se concentrar em meio a tanto barulho, o que afeta seu rendimento no trabalho.
    No momento em que se encontra (solteiro, sem filhos), acredita que o lado financeiro (remuneração mais alta) recompense certa piora em sua qualidade de vida (horas extras, pressão psicológica e estresse no trânsito). Está tomando antidepressivos e remédios para ficar acordado; afinal, deve suportar trabalhar muitas horas extras.
    Sentindo-se incomodado com alguns fatores em seu emprego, João decide aplicar a metodologia descrita nesta obra para melhor entender a sua felicidade no trabalho.

João preenche a tabela de avaliação, apresentada na sequência, em três etapas:

Etapa 1: avalia a importância de cada fator para a sua felicidade no trabalho. Em outras palavras, preenche a coluna referente ao peso de cada fator para a sua felicidade no trabalho, utilizando a classificação: 1 – Pouco importante; 2 – Importante; 3 – Muito importante; 4 – Essencial.

Classificação	Fatores
4 – Essencial	– Remuneração – Localização do emprego
3 – Muito importante	– Ambiente de trabalho – Saúde e segurança
2 – Importante	– Aptidão – Cultura organizacional – Viagens profissionais – Aprendizado – Reconhecimento – Estabilidade
1 – Pouco importante	– Exposição pública

É válido ressaltar que essa etapa é muito subjetiva.

Etapa 2: avalia seu grau de satisfação com cada um dos fatores do trabalho de acordo com a classificação: 1 – Muito insatisfeito; 2 – Insatisfeito; 3 – Satisfeito; 4 – Muito satisfeito.

Fator	Análise	Classificação
Aptidão	Gostaria muito de atuar em sua área de formação (engenharia mecânica), mas está satisfeito com o trabalho atual.	3 – Satisfeito
Cultura organizacional	Julga a atividade do banco importante para a sociedade. No entanto, não concorda com algumas práticas desleais adotadas pela instituição.	3 – Satisfeito
Remuneração	Excelente.	4 – Muito satisfeito
Localização do emprego	São Paulo, uma cidade estressante e poluída. Gasta três horas por dia no trânsito.	1 – Muito insatisfeito
Viagens profissionais	Não precisa viajar.	4 – Muito satisfeito
Saúde e segurança	Seu dia a dia é muito estressante, afetando sua saúde mental.	1 – Muito insatisfeito
Ambiente de trabalho	Não gosta de trabalhar em *open space* e do fato de seus colegas serem desleais.	1 – Muito insatisfeito
Aprendizado	Ambiente cheio de desafios e de novos aprendizados.	4 – Muito satisfeito
Reconhecimento	Tem obtido promoções anuais e há um plano de carreira bem definido.	4 – Muito satisfeito
Estabilidade	Muita rotatividade na equipe, muitos funcionários foram demitidos nos últimos anos.	2 – Insatisfeito
Exposição pública	Satisfeito com seu baixo grau de exposição.	3 – Satisfeito

Etapa 3: por fim, preenche a tabela de avaliação.

A	B	C	D = B × C	E = B × 4
Fator	Peso do fator *	Grau de satisfação **	Nota ponderada real do fator	Nota máxima do fator
Aptidão	2	3	6 = 2 x 3	8 = 2 x 4
Cultura organizacional	2	3	6 = 2 x 3	8 = 2 x 4
Remuneração	4	4	16 = 4 x 4	16 = 4 x 4
Localização do emprego	4	1	4 = 4 x 1	16 = 4 x 4
Viagens profissionais	2	4	8 = 2 x 4	8 = 2 x 4
Saúde e segurança	3	1	3 = 3 x 1	12 = 3 x 4
Ambiente de trabalho	3	1	3 = 3 x 1	12 = 3 x 4
Aprendizado	2	4	8 = 2 x 4	8 = 2 x 4
Reconhecimento	2	4	8 = 2 x 4	8 = 2 x 4
Estabilidade	2	2	4 = 2 x 2	8 = 2 x 4
Exposição pública	1	3	3 = 1 x 3	4 = 1 x 4
Totais			69	108
Nível de satisfação			64% = 69/108	

* Peso do fator: 1 – Pouco importante | 2 – Importante | 3 – Muito importante | 4 – Essencial.
** Grau de satisfação: 1 – Muito insatisfeito | 2 – Insatisfeito | 3 – Satisfeito | 4 – Muito satisfeito.

Note que a Somatória 1, calculada como a soma das notas ponderadas reais dos fatores, totalizou 69 = 6 + 6 + 16 + 4 + 8 + 3 + 3 + 8 + 8 + 4 + 3.

Note também que a Somatória 2, calculada como a soma das notas máximas passíveis de serem atingidas em cada fator, mantendo-se o peso dado por João para cada um deles, totalizou 108 = 8 + 8 + 16 + 16 + 8 + 12 + 12 + 8 + 8 + 8 + 4.

Por fim, dividindo-se a Somatória 1 pela Somatória 2, obtivemos 64%. Ou seja, de acordo com a autoavaliação de João, seu nível de satisfação com o atual emprego é 64%.

Podemos concluir que João encontra-se satisfeito com sua situação atual, havendo, no entanto, ainda margem para melhoria de seu grau de satisfação global no trabalho.

Resultado matemático	Resultado qualitativo
0% a 25%	Muito insatisfeito
25% a 50%	Insatisfeito
50% a 75%	Satisfeito (64%)
75% a 100%	Muito satisfeito

Desta forma, João decide ficar atento a novas oportunidades de trabalho.

Atualiza seu *Curriculum Vitae*, efetua *networking* com amigos e colegas, pesquisa oportunidades em aberto e se candidata para as vagas de seu interesse.

- **João recebe uma nova oferta de emprego.**

    Vamos supor que João receba uma oferta de emprego para trabalhar como engenheiro mecânico, sua área de formação, em uma multinacional fabricante de carros de luxo.

    O trabalho será localizado em São Paulo, dessa vez a algumas quadras de sua casa. O salário será 15% menor, mas de acordo com sua autoanálise, por meio de dados coletados no processo seletivo e em suas pesquisas (site da empresa, relatório de sustentabilidade, colegas que trabalham na companhia), ele estima que terá uma qualidade de vida muito maior e um ambiente de trabalho mais acolhedor.

    Ademais, terá uma sala exclusiva de trabalho, e poderá uma vez por semana trabalhar em sistema *home office*.

    João preenche novamente a tabela de avaliação antes de tomar a decisão final:

    Etapa 1: preenche a coluna referente ao peso de cada fator para a sua felicidade no de acordo com a classificação:

    1 – Pouco importante; 2 – Importante; 3 – Muito importante; 4 – Essencial.

    Foram mantidos os mesmos pesos para cada fator, com relação ao cenário anterior.

Etapa 2: classifica o seu grau de satisfação com cada um dos fatores do trabalho.

Fator	Análise	Classificação
Aptidão	Sempre quis trabalhar como engenheiro mecânico.	4 – Muito satisfeito
Cultura organizacional	Sempre admirou a multinacional automobilística e está de acordo com seus valores.	4 – Muito satisfeito
Remuneração	Um salário 15% menor que o atual é aceitável.	3 – Satisfeito
Localização do emprego	Haverá uma melhoria considerável em sua qualidade de vida, dado que a empresa fica a cinco minutos de sua casa.	3 – Satisfeito
Viagens profissionais	Não haverá necessidade de deslocamento para outras cidades.	4 – Muito satisfeito
Saúde e segurança	O trabalho será administrativo, com baixos riscos de segurança no trabalho. Seu ritmo de vida será mais equilibrado.	3 – Satisfeito
Ambiente de trabalho	Ter uma sala exclusiva lhe trará paz, gostou da ideia de *home office* uma vez por semana, e o entrevistador indicou que o clima de trabalho de sua futura equipe é bom.	3 – Satisfeito
Aprendizado	Seu futuro ambiente de trabalho será cheio de desafios e de novos aprendizados, já que ele não tem experiência prévia no setor automobilístico.	4 – Muito satisfeito
Reconhecimento	A futura empresa tem plano de carreira estruturado.	4 – Muito satisfeito
Estabilidade	A nova organização apresenta taxa de rotatividade bem menor do que a empresa atual e uma saúde financeira adequada.	3 – Satisfeito
Exposição pública	Sua nova posição não demandará exposição pública adicional.	3 – Satisfeito

Etapa 3: por fim, preenche a tabela de avaliação:

A	B	C	D = B × C	E = B × 4
Fator	Peso do fator *	Grau de satisfação **	Nota ponderada real do fator	Nota máxima do fator
Aptidão	2	4	8 = 2 x 4	8 = 2 x 4
Cultura organizacional	2	4	8 = 2 x 4	8 = 2 x 4
Remuneração	4	3	12 = 4 x 3	16 = 4 x 4
Localização do emprego	4	3	12 = 4 x 3	16 = 4 x 4
Viagens profissionais	2	4	8 = 2 x 4	8 = 2 x 4
Saúde e segurança	3	3	9 = 3 x 3	12 = 3 x 4
Ambiente de trabalho	3	3	9 = 3 x 3	12 = 3 x 4
Aprendizado	2	4	8 = 2 x 4	8 = 2 x 4
Reconhecimento	2	4	8 = 2 x 4	8 = 2 x 4
Estabilidade	2	3	6 = 2 x 3	8 = 2 x 4
Exposição pública	1	3	3 = 1 x 3	4 = 1 x 4
Totais			91	108
Nível de satisfação			84% = 91/108	

* Peso do fator: 1 – Pouco importante | 2 – Importante | 3 – Muito importante | 4 – Essencial.
** Grau de satisfação: 1 – Muito insatisfeito | 2 – Insatisfeito | 3 – Satisfeito | 4 – Muito satisfeito.

Note que agora o resultado qualitativo da avaliação foi 84% = "Muito satisfeito". Diante dessa análise, João decide aceitar a nova oferta de trabalho.

Resultado matemático	Resultado qualitativo
0% a 25%	Muito insatisfeito
25% a 50%	Insatisfeito
50% a 75%	Satisfeito
75% a 100%	Muito satisfeito (84%)

Exemplo 2 – Bióloga Maria

- Maria não tem um bom salário. Será que esse fator é suficiente para que seja infeliz? Vamos avaliar.

Maria é bióloga recém-formada e ama a natureza. É funcionária de uma ONG protetora do meio ambiente e mora em Santos, onde tem uma qualidade de vida excelente, levando quinze minutos para chegar ao emprego. Está desenvolvendo um trabalho de pesquisa sobre tartarugas marinhas, o qual está sendo conciliado com seu tema de mestrado.

Não ganha um salário bom, no entanto, ainda não tem filhos e conta com a ajuda financeira dos pais para subsistência. O custo de vida na cidade onde mora não é elevado. Além disso, adora sua equipe de trabalho e sente que está aprendendo muito em seu emprego. Viaja a trabalho uma vez por mês para o Rio de Janeiro. A viagem profissional é até conveniente, pois sua família reside nessa cidade.

Buscando avaliar sua felicidade no emprego, Maria segue a metodologia proposta nesta obra:

Etapa 1: preenche a coluna referente ao peso de cada fator para a sua felicidade no trabalho:

Classificação	Fatores
4 – Essencial	– Aptidão – Cultura organizacional – Localização do emprego – Saúde e segurança – Ambiente de trabalho
3 – Muito importante	– Aprendizado – Estabilidade
2 – Importante	– Remuneração – Viagens profissionais – Reconhecimento
1 – Pouco importante	– Exposição pública

Note que os pesos dados por Maria para cada fator são distintos dos pesos do exemplo anterior de João, pois a subjetividade é inerente a esse exercício. O que é importante para Maria pode não ser para João. Por exemplo, para Maria, o critério de remuneração foi definido como importante, mas não essencial, pois nesse momento da vida ela ainda conta com a ajuda dos pais e não tem filhos.

Etapa 2: classifica seu grau de satisfação com cada um dos fatores do trabalho.

Fator	Análise	Classificação
Aptidão	Trabalha com a defesa do meio ambiente, sendo que ama a natureza.	4 – Muito satisfeita
Cultura organizacional	Tem total identificação com os valores da ONG.	4 – Muito satisfeita
Remuneração	Muito baixa.	1 – Muito insatisfeita
Localização do emprego	Mora na praia, fato que adora. Deslocamento de 15 minutos de sua casa ao trabalho.	4 – Muito satisfeita
Viagens profissionais	Viaja uma vez por mês para o Rio de Janeiro, cidade de sua família.	4 – Muito satisfeita
Saúde e segurança	Seu serviço não é estressante e não envolve grandes riscos de saúde ou segurança.	3 – Satisfeita
Ambiente de trabalho	Boa estrutura física em seu posto de trabalho e clima excelente, seus colegas tornaram-se amigos.	4 – Muito satisfeita
Aprendizado	Concilia a pesquisa de campo com o tema de seu mestrado.	4 – Muito satisfeita
Reconhecimento	Ausência de perspectiva de crescimento. A ONG não dispõe de plano de carreira. No entanto, como está cursando o mestrado, não almeja crescer de cargo neste momento, pois teria menos tempo para os estudos.	3 – Satisfeita
Estabilidade	Sente-se muito segura em seu cargo atual.	4 – Muito satisfeita
Exposição pública	Está satifeita com a baixa exposição, pois não deseja ser famosa.	3 – Satisfeita

Etapa 3: por fim, preenche a tabela de avaliação:

A	B	C	D = B × C	E = B × 4
Fator	Peso do fator *	Grau de satisfação **	Nota ponderada real do fator	Nota máxima do fator
Aptidão	4	4	16 = 4 x 4	16 = 4 x 4
Cultura organizacional	4	4	16 = 4 x 4	16 = 4 x 4
Remuneração	2	1	2 = 2 x 1	8 = 2 x 4
Localização do emprego	4	4	16 = 4 x 4	16 = 4 x 4
Viagens profissionais	2	4	8 = 2 x 4	8 = 2 x 4
Saúde e segurança	4	3	12 = 4 x 3	16 = 4 x 4
Ambiente de trabalho	4	4	16 = 4 x 4	16 = 4 x 4
Aprendizado	3	4	12 = 3 x 4	12 = 3 x 4
Reconhecimento	2	3	6 = 2 x 3	8 = 2 x 4
Estabilidade	3	4	12 = 3 x 4	12 = 3 x 4
Exposição pública	1	3	3 = 1 x 3	4 = 1 x 4
Totais			119	132
Nível de satisfação			90% = 119/132	

* Peso do fator: 1 – Pouco importante | 2 – Importante | 3 – Muito importante | 4 – Essencial.
** Grau de satisfação: 1 – Muito insatisfeito | 2 – Insatisfeito | 3 – Satisfeito | 4 – Muito satisfeito.

Por incrível que pareça, apesar de ter um salário bem baixo, Maria alcançou uma nota de 90%. Ou seja, ela é muito feliz em seu trabalho!

Resultado matemático	Resultado qualitativo
0% a 25%	Muito insatisfeita
25% a 50%	Insatisfeita
50% a 75%	Satisfeita
75% a 100%	Muito satisfeita (90%)

AVALIE SEU NÍVEL DE FELICIDADE NO TRABALHO

Agora que você já conhece os fatores da felicidade no trabalho e a metodologia de avaliação, que tal praticar a sua aplicação com exemplos reais da sua vida? Você poderá avaliar experiências passadas, cenários atuais e oportunidades futuras!

Para avaliar seu nível de felicidade no trabalho, basta preencher as tabelas a seguir (separamos três cenários).

Caso deseje, você poderá "planilhar" a tabela de avaliação, seguindo a metodologia explicada, ou simplesmente tirar cópia de uma página de cenário não preenchida, podendo simular inúmeros cenários.

Por fim, não se esqueça de ler, na sequência, o capítulo de conclusão, que é a parte mais importante e enriquecedora desta obra.

Cenário 1

A	B	C	D = B × C	E = B × 4
Fator	Peso do fator *	Grau de satisfação **	Nota ponderada real do fator	Nota máxima do fator
Aptidão				
Cultura organizacional				
Remuneração				
Localização do emprego				
Viagens profissionais				
Saúde e segurança				
Ambiente de trabalho				
Aprendizado				
Reconhecimento				
Estabilidade				
Exposição pública				
Total				
Nível de satisfação				

* Peso do fator: 1 – Pouco importante | 2 – Importante | 3 – Muito importante | 4 – Essencial.
** Grau de satisfação: 1 – Muito insatisfeito | 2 – Insatisfeito | 3 – Satisfeito | 4 – Muito satisfeito.

Cenário 2

A	B	C	D = B × C	E = B × 4
Fator	Peso do fator *	Grau de satisfação **	Nota ponderada real do fator	Nota máxima do fator
Aptidão				
Cultura organizacional				
Remuneração				
Localização do emprego				
Viagens profissionais				
Saúde e segurança				
Ambiente de trabalho				
Aprendizado				
Reconhecimento				
Estabilidade				
Exposição pública				
Totais				
Nível de satisfação				

* Peso do fator: 1 – Pouco importante | 2 – Importante | 3 – Muito importante | 4 – Essencial.
** Grau de satisfação: 1 – Muito insatisfeito | 2 – Insatisfeito | 3 – Satisfeito | 4 – Muito satisfeito.

Cenário 3

A	B	C	D = B × C	E = B × 4
Fator	Peso do fator *	Grau de satisfação **	Nota ponderada real do fator	Nota máxima do fator
Aptidão				
Cultura organizacional				
Remuneração				
Localização do emprego				
Viagens profissionais				
Saúde e segurança				
Ambiente de trabalho				
Aprendizado				
Reconhecimento				
Estabilidade				
Exposição pública				
Totais				
Nível de satisfação				

* Peso do fator: 1 – Pouco importante | 2 – Importante | 3 – Muito importante | 4 – Essencial.
** Grau de satisfação: 1 – Muito insatisfeito | 2 – Insatisfeito | 3 – Satisfeito | 4 – Muito satisfeito.

CONCLUSÃO

Todos buscam a felicidade plena, sendo a felicidade no trabalho um de seus componentes. Esta obra tem como objetivo auxiliá-lo nas decisões sobre sua carreira profissional, sendo a metodologia de avaliação do grau de felicidade no trabalho apresentada simples, objetiva e adaptável a elementos subjetivos de cada indivíduo.

As lições importantes a serem extraídas desse livro são:
- A felicidade no trabalho é um resultado composto do nível de satisfação do colaborador com diversos fatores, dentre os quais, nesta obra, relacionamos onze. Talvez existam outros, não apresentados neste trabalho, os quais podem ser incorporados na tabela de avaliação seguindo seu raciocínio lógico de cálculo e interpretação.
- A importância que as pessoas dão a cada um dos onze fatores é subjetiva, variando de indivíduo para indivíduo. A tabela de avaliação apresentada permite que essa subjetividade seja levada em consideração nas análises efetuadas.
- É muito difícil uma pessoa estar "muito satisfeita" com todos os onze fatores ao mesmo tempo, em outras palavras, estar 100% feliz no trabalho. Ou seja, quase sempre haverá pontos positivos e negativos a serem ponderados em uma escolha profissional. É importante você estar a

par deste fato: o mundo perfeito é muito difícil de ser alcançado.

- Por fim, abordamos sobretudo a felicidade no trabalho, mas é importante não esquecer das outras esferas da vida. Compartilho uma reflexão de Brian Dyson (ex-presidente de uma grande multinacional de bebidas):

"Imagine a vida como um jogo, no qual você faz malabarismo com cinco bolas lançadas no ar. Essas bolas são: o trabalho, a família, a saúde, os amigos e o espírito. O trabalho é a única bola de borracha. Se cair, bate no chão e pula para cima. Mas as quatro outras são de vidro. Se caírem no chão, quebrarão e ficarão permanentemente danificadas. Entendam isso e assim conseguirão o equilíbrio na vida."

ANOTAÇÕES DO LEITOR

Ao ler essa obra, com certeza você deve ter feito muitas reflexões importantes. Que tal anotá-las na sequência para não esquecê-las?

Esta obra foi composta Utopia Std 10 pt e impressa sobre papel Offset 75 g/m² pela gráfica Meta.